AF562388

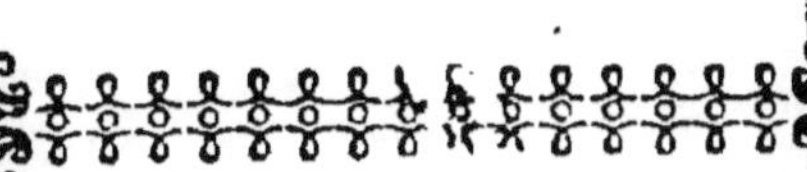

DES

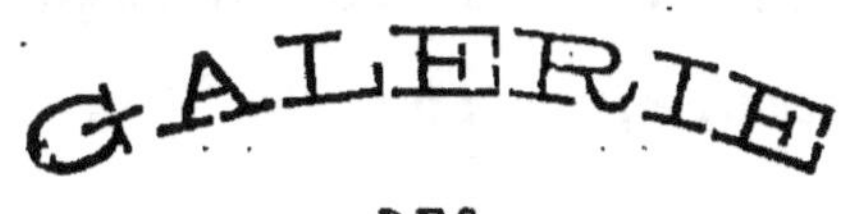

GALERIE DES VRAIS GRANDS HOMMES

VIE DE Sainte Monique.

TOULOUSE
A. SOUYEUX, Quai de Brienne, 2
PROPRIÉTÉ

N° 25

Le cent, variées, 3 francs, *franco.*

Brochures 3e série (16 pages)

Le cent, 2 fr. 50 ; le mille, 20 fr.

— 90 TITRES —

31 Aimons l'Eglise.
32 Obéissons à l'Eglise.
33 Petits portraits d'écolier.
34 Les Romans.
34 Si je savais prier.
36 La meilleure prière.
37 Les Vieux-Catholiques et le pape (1re part.)
38 Les Vieux-Catholiques et Bismark (2e part.)
39 A quoi bon les couvents?
40 Les volontaires du Christ.
41 Paray-le-Monial, le monastère, l'église.
42 Le cœur de Jésus et Marguerite-Marie.
43 Credo.
44 Cantiques pour missions (24 cantiques, 2e éd.)
45 Cantiques pour Marie (25 cantiques, 2e édit.)
46 Les théâtres.
47 Dieu est trop bon pour nous damner.
48 Les Frères des Ecoles chrétiennes.
49 L'Apocalypse.
50 *Vox pii, vox Dei* (1re partie).
51 Id. (2e partie).
52 L'Amitié.
53 L'Aumône ou je te cogne (1re partie).
54 L'Aumône bien comprise.
55 Méthode pour entendre la messe.
56 L'Inondation de 1875 (1re partie).
83 Le Cabaret.
84 Vengeance et Pardon.
85 L'Eternité.
86 La Religion.
87 Examen de conscience.

Toulouse, Impr. Louis & Jean-Matthieu Douladoure.

VIE

DE

SAINTE MONIQUE

Monique fut une sainte et une mère. Les deux termes devraient être souvent rapprochés, car, dans la maternité bien comprise, il y a tous les éléments de la sanctification d'une vie.

Qu'est-ce, en effet, que la sainteté? Le sacrifice. Et la maternité peut-elle se résumer autrement? Cette analogie profonde est confirmée par la parole de Dieu qui a dit : « La femme sera sauvée en devenant mère; » c'est-à-dire en comprenant et en remplissant le plus grand des devoirs ; en développant la foi dans l'âme qui est la moitié de son âme ; en aimant cette créature, sa chair et son sang, d'une charité supérieure au cri de la nature ; en renfermant toute son existence dans une rigoureuse modestie qui l'éloigne du monde et qui éloigne le monde d'elle, afin qu'elle puisse se dévouer uniquement à la culture de cette jeune plante ponr en diriger la frêle tige vers le Ciel.

L'antiquité païenne a consacré la grandeur maternelle par l'hommage accordé à une femme dont les deux fils, tribuns du peuple, avaient rendu de grands services à la République romaine : une statue fut élevée à Cornélie, et ses titres à un tel honneur furent exprimés par ces seuls mots : *Mère des Gracques*.

L'antiquité chrétienne est plus riche encore de semblables gloires : la mère des Macchabées, celle de saint Symphorien, sainte Félicité se montrent mères par delà le tombeau, fortifiant et encourageant leurs fils aux heures terribles de la mort par le martyre.

Tant que durera le monde, il y aura des mères, comme l'humanité en avait une avant d'exister : *Ad æterno ordinata sum,* dit la Sapience en parlant de la Vierge Marie, type et modèle des mères.

Blanche de Castille disait au roi Saint-Louis : « Mon fils, j'aimerais mieux vous voir mort que d'être souillé d'un péché mortel. »

Des épisodes admirables ont eu lieu pendant la Révolution : une mère obtient que ses trois filles la précédassent sur l'échafaud, « afin que je voie tout ce que j'aime en sûreté, » disait-elle.

O'Connell, le grand défenseur de l'Irlande, raconte ce trait d'une mère : son fils hésitait en présence d'un vote contraire à la liberté du pays, dans la crainte de voir sa mère, sa jeune femme et ses petits enfants chassés de leur maison et condamnés à la misère. Au moment où il allait succomber et déposer dans l'urne un vote contraire à sa conscience, l'héroïque femme s'approche, lui saisit le bras et lui dit : « Souviens-toi de ton âme et de la liberté. »

*
* *

Le premier historien de la vie de sainte Monique a été son fils saint Augustin. *L'enfant de tant de larmes* a payé sa dette de reconnaissance à son incomparable mère en révélant au monde une existence où se rencontrent peu d'événements, mais où l'on trouve des richesses de détails sans nombre eu égard aux qualités, aux vertus, aux efforts cachés et sublimes de ce modèle des épouses et des mères.

Saint Augustin aimait passionnément sa mère, et son souvenir se retrouve dans tous ses écrits comme un sceau presque divin. « Tout ce que je suis, je le dois à ma mère, » disait-il, même du haut de la chaire, à son peuple d'Hippone, et il semble qu'il ait voulu le proclamer à la face de l'univers dans le livre des Confessions. La tradition et l'Eglise ont recueilli l'héritage de ce culte, et nous puisons à ces trois sources le récit d'une vie aussi admirable qu'imitable, car il ne s'y trouve rien que de simple, rien qui ne soit à la portée de toutes les femmes, sans qu'elles aient besoin de sortir de la sphère des actions ordinaires. Ces vies-là sont précieuses à étudier; elles n'effraient pas; elles charment et persuadent.

* * *

Sainte Monique vint au monde l'an 332 après J.-C. à Thagaste, ville de l'Abrique ancienne.

Sa naissance se trouve placée à une époque transitoire entre l'ère des martyrs et celle des docteurs dont son fils devait être le plsu grand. Saint Jérôme, saint Grégoire de Nazianze, saint Grégoire de Mysse sont contemporains de la mère d'Augustin.

Sa famille était noble, mais ruinée par les malheurs des temps. Elle fut élevée chrétiennement, et elle reçut, outre les bons exemples et les leçons de ses vertueux parents, les soins et les conseils de la vieille nourrice de son père.

Toute petite, elle manifesta les plus heureuses dispositions : elle aimait la prière et elle courait à l'église où elle s'oubliait à converser avec Dieu. Elle aima aussi de bonne heure les pauvres; elle leur offrait une partie de sa nourriture, et son affection se portait principalement sur les voyageurs et sur les malades; ses petites mains lavèrent plus d'une fois, selon l'antique usage, les pieds des hôtes de la maison, et elle servait les inférieurs avec une délicatesse charmante.

Elle respirait la paix et la répandait autour d'elle; son apparition calmait les querelles de ses jeunes compagnes, et plus tard dans le monde elle joua le même rôle; elle y réussit par la douceur et la discrétion. Saint Augustin la loue « de ce qu'elle ne répétait jamais que les choses de nature à entretenir la bonne harmonie parmi les personnes de sa société. »

C'est dans sa première jeunesse que nous trouvons, non pas une tache, mais une ombre légère au milieu de l'éclat de tant de vertus : Monique, entre autres emplois qu'elle remplissait humblement dans le ménage, était chargée du cellier. Par enfantillage d'abord, puis par habitude, elle approcha ses lèvres des flacons de vin, et elle prit un peu de goût pour ce breuvage dont elle était privée à cause de l'austérité qui présidait à son éducation. Dieu permit qu'une servante en colère lui reprochât ce principe de vice, et la généreuse enfant n'hésita pas à se condamner sévèrement, s'obligeant envers elle-même, à ne boire que de l'eau.

L'esprit de Monique touchait au génie : « Mes amis et moi, nous faisions cercle autour » d'elle, croyant entendre quelque grand » homme parmi nous, » dit saint Augustin. Ce fut dès le bas âge que ces dons de l'intelligence se montrèrent en elle ; souvent elle quittait le jeu pour écouter les grandes personnes, pour donner toute son attention aux récits émouvants de son aïeule qui avait vu les martyrs.

Son caractère était constant et hardi ; son cœur d'une sensibilité extrême, mais plein d'énergie dans l'amour et dans l'action ; c'était une belle et riche nature où se rencontraient de rares harmonies et d'étonnants contrastes.

Nous savons peu de chose de sa beauté extérieure. On croit que sa taille était assez élevée et son visage agréable. Sa modestie surtout rehaussait ses charmes; jeune fille, elle ne porta jamais que la robe blanche des chrétiens d'alors, refusant toutes les parures, car Tertullien et Cyprien lui avaient enseigné le prix de la simplicité et la difficulté de conserver sous des vêtements de luxe un cœur mortifié et prêt au sacrifice.

Cette délicieuse enfant fut mariée à un homme brutal, âgé, désagréable et sans fortune. Elle lui opposa la douceur, la grâce, la patience et le dévouement; et après dix-sept années d'une union mal assortie, c'est-à-dire du plus affreux et du plus incessant des malheurs, sainte Monique reçut du ciel la récompense de son apostolat domestique: Patrice, jusque là païen, demanda le baptême et mourut, repentant, dans la grâce de DIEU.

Monique « conçut dans son sein pour les faire naître à la vie temporelle et dans son cœur pour les faire naître à la vie spirituelle, » trois enfants: Augustin, Navigius et une fille; cette dernière passe inaperçue; Navigius fut une joie douce et constante pour sa mère; Augustin lui donna de grandes douleurs et de suprêmes félicités.

*
* *

« *Ab utero matris meæ* » « dès le sein de ma mère, » est une parole qui revient à toutes les pages des Confessions. Saint-Augustin a voulu nous faire entendre par là combien furent élevés les sentiments de sa mère, tandis qu'elle le portait dans ses entrailles. Si, au milieu de ses égarements, il reste en lui des étincelles d'honneur que rien ne peut éteindre; s'il retrouve intacte dans la fange même, l'horreur de ce qui est bas, vil et passager, c'est parce qu'il avait déjà goûté « le sel de Dieu » dans le sein de cette mère, qui le consacrait par avance au service de la religion chrétienne.

Monique ne confia point son Augustin à une femme étrangère; elle l'abreuva » des délices du lait maternel, « et dans ce lait qu'il buvait avec tant de plaisir, « son cœur plus heureux encore buvait amoureusement le nom de Jésus-Christ. » Sérieuse leçon pour les mères, qui ne comprennent pas l'influence et les résultats de l'accomplissement de ce grand devoir, et qui s'en dispensent, afin de ménager leur beauté ou de jouir de leur indépendance!

A l'âge des études, Augustin se montra

paresseux et rusé, pour échapper au travail. Monique le confia à « des serviteurs de Dieu, à des hommes de prières, » c'est-à-dire à des prêtres ; et il rend à ses premiers maîtres un hommage reconnaissant.

Lorsque son fils eut quatorze ans, Monique fut obligée de s'en séparer ; elle le conduisit à Madaure, ville où les lettres étaient en honneur et cultivées avec soin. Le génie d'Augustin s'éveilla, il comprit les poëtes, les étudia avec ivresse, et les traduisit avec un tel succès, que les applaudissements de ses maîtres et de ses condisciples vinrent ajouter la tentation de l'orgueil à toutes celles que faisait naître en lui le tableau des passions humaines, tracé par Virgile, qu'il admirait au-dessus de tous, par Plaute et par Térence.

Il revint passer une année dans sa famille, mais déjà il avait perdu son innocence. Monique le sentit ; elle essaya d'opposer la digue de ses tendres conseils au flot envahisseur de la corruption ; mais, elle n'y réussit pas ; et alors s'ouvrirent les fontaines miraculeuses de l'amour maternel ; alors commencèrent à couler ces ruisseaux du sang de son cœur, changé en larmes, qui devaient avec le sang du Christ, sublime assimilation, rendre un jour les péchés de son Augustin blancs comme la laine et comme la neige !.......

Mères, sachez pleurer, et vos fils seront sanctifiés !

*
* *

Augustin est devenu un homme. Entraîné par les passions, il a formé une liaison coupable. Enivré par la puissance de sa raison, et las du joug de toute autorité, il s'est associé aux disciples de Manès, précurseur de Luther.

Quand son apostasie fut publique, sainte Monique, cette mère si tendre « qu'elle ne pouvait supporter la moindre tristesse chez son fils, ni passer un jour sans le voir, » déploya une énergie dont elle serait morte si Dieu ne donnait aux mères une force miraculeuse : elle chassa Augustin, le déclarant indigne d'habiter sous son toit et de s'asseoir à sa table.

Rome et toutes ses séductions, qui avaient été si fatales à saint Jérôme, attiraient le fougueux Augustin ; Monique voulut l'y suivre pour lui être un bouclier ; mais, redoutant la tutelle de sa mère, il sut tromper sa vigilance au moment du départ, et il l'abandonna sur le rivage, « folle de douleur. »

Un an plus tard, elle le rejoignit à Milan, où il avait été envoyé comme professeur, après avoir reçu la couronne de l'éloquence dans un concours public.

C'est là qu'elle connut saint Ambroise, ce grand Pontife, acclamé évêque par la voix inspirée d'un petit enfant, au milieu des désordres causés par la vacance du siége. Elle s'éprit d'une grande admiration pour le prêtre héroïque, qui sut résister à une impératrice et punir un empereur ; « elle le vénéra comme un ange de Dieu, » et elle lui confia deux trésors : son âme si pure et l'âme si belle, quoique obscurcie encore, de son Augustin.

Jamais saint Ambroise ne montait en chaire sans que Monique allât se placer en face de lui, ayant son fils à ses côtés. Augustin s'inquiétait peu des paroles, mais seulement de la manière dont elles étaient dites ; il en reçut néanmoins une impression salutaire.

« Saint Ambroise aimait Monique à cause de sa conduite vertueuse, de son ardeur pour les bonnes œuvres, de la piété qu'elle portait aux pieds des saints autels. » Il s'attacha au fils de cette veuve, et Augustin « se mit à aimer saint Ambroise, non point d'abord comme un maître de la vérité, mais comme un homme plein de bonté pour lui, » de sorte que Monique put espérer un résultat favorable de l'union de ces deux grandes âmes.

Mais l'obstacle à la conversion d'Augustin était ce lien illégitime qu'il avait contracté depuis quinze ans déjà. Ces chaînes, heureusement, étaient usées par les larmes corrosives de Monique ! Augustin se laissa arracher celle qui partageait sa vie, la mère de son Adéadat, et comme « son âme adhérait à cette âme, elle en fut déchirée et brisée, et son cœur en versa du sang. »

*
* *

Le 25 avril 387, dans une petite église de Milan, Augustin fut baptisé par saint Ambroise; et après la cérémonie, celui-ci, dans l'extase de son admiration pour les grandes voies de la Providence, s'écria :

« O mon Dieu, ô mon maître, nous vous louons et nous vous bénissons ! »

Et le néophyte reprit :

« O mon Père, que toute la terre vous adore ! »

Puis saint Ambroise :

« Oh ! que tous les anges, que les cieux, que les puissances de tout ordre vous bénissent. »

Et saint Augustin :

« Que les Chérubins et les Séraphins chantent à jamais : Saint, Saint, Saint ! »

Tous deux, en donnant à l'Eglise l'hymne éclatante du *Te Deum*, avaient rendu sensibles les inexprimables accents du cœur de sainte Monique qui chantait tout bas le triomphe de ses larmes, la victoire remportée sur le démon dans l'âme de son fils.

*
* *

« Volons au ciel, volons au ciel ! » Alype, Navigius, Adéadat, réunis en communauté fraternelle sous la grande Règle d'Augustin, et prêts à s'embarquer pour l'Afrique, entendirent un jour ce cri s'échapper de la poitrine de sainte Monique. Ils accoururent et la trouvèrent en extase. Depuis lors, la pensée de regagner la véritable patrie ne la quitta plus.

Elle accompagna son fils à Rome, puis ils revinrent à Ostie. C'est là qu'un soir, assis à une fenêtre, la main dans la main, les yeux et le cœur en haut, la mère et le fils s'entretinrent avec une ineffable douceur de la béatitude éternelle. « Nous eûmes vers vous, ô mon Dieu, un tel élan d'amour, si hardi et si puissant, dit saint Augustin, que nous y touchâmes en quelque sorte par un bond du cœur ! »

Ce ravissement fut pour sainte Monique

le présage de sa fin. Peu de jours après, saisie par la fièvre, elle comprit que la mort approchait. Comme on lui demandait si elle n'appréhendait pas de mourir loin de son pays : « Oh ! non, dit-elle, on n'est jamais loin de DIEU ; il n'y a pas lieu de craindre qu'au jour du jugement il ait peine à retrouver ma poussière pour me ressusciter d'entre les morts..... Vous enterrerez mon corps où vous voudrez ; ce que je vous demande seulement, c'est de vous souvenir de moi à l'autel du Seigneur. »

Sainte Monique fut privée du bonheur de recevoir une dernière fois la communion, à cause de la violence des crises de l'estomac ; mais la chronique assure qu'au moment suprême, comme elle demandait son Sauveur avec des instances toujours plus vives, on vit entrer dans sa chambre un petit enfant ; il s'approcha du lit de la Sainte, la baisa sur la poitrine, et aussitôt, comme s'il l'eût appelée, elle inclina la tête et rendit le dernier soupir.

....

« O bienheureuse mère qui deviez un jour être exaucée selon l'intensité de vos désirs ! »

Priez pour nous.

M. D.

Toulouse, Impr. Louis & Jean-Matthieu Douladoure.

www.ingramcontent.com/pod-product-compliance
Lightning Source LLC
LaVergne TN
LVHW010221230826
846091LV00008BB/3613
9782011277879